けん玉学

起源から技の種類・世界のけん玉まで

窪田保／著　こどもくらぶ／編

Kendama

今人舎

はじめに

　けん玉であそんだことはありますか？
　けん玉は、単純なあそび道具ですが、非常に奥が深くおもしろいもの。けん玉から広がる世界には、無限の可能性があります。というと少し大げさに聞こえるかもしれませんが、ぼくは心からそう思っています。
　けん玉に似たあそび道具は、世界じゅうに古くからありました。多少形はちがっても、同じようなあそびが世界各地で親しまれています。外国の人にけん玉を見せると、「ぼくの国にも似たあそびがあって、○○とよばれているよ」と教えてくれることも少なくありません。けん玉のもつ魅力は、世界じゅうの人を引きつけています。

19世紀フランスの画家ウスタシュ・ロルセーが描いた絵。人びとが、けん玉に似た「ビルボケ」（→p10）であそぶようすが見てとれる。
『Le Bilboquet』（Marivaux 著、Publications de l'Université Saint-Étienne、1995年）より

日本でも古くからあそばれていたけん玉が、大皿と小皿のついた現在の形にかわり、木工の町として栄えた広島県廿日市市で本格的にけん玉の製造がはじまったのは、いまから100年近く前でした。

近年、この日本発のけん玉が世界に広まっています。これまで世界各地で、さまざまな形やあそび方が存在していたけん玉（または、けん玉に似たあそび）にとって、これはかつてなかった現象です。そんなけん玉を、一緒にたのしめる仲間がもっともっと増えていくといいな。こうした気持ちで、けん玉のおもしろさを紹介していきたいと思います。

一般社団法人グローバルけん玉ネットワーク代表理事　窪田保

巻頭特集

世界じゅうにあるけん玉

けん玉は、日本の郷土玩具だと思っている人も多いでしょう。
でも、そのルーツは日本ではありません。
はじめに、世界のいろいろなけん玉を写真で見てみましょう。

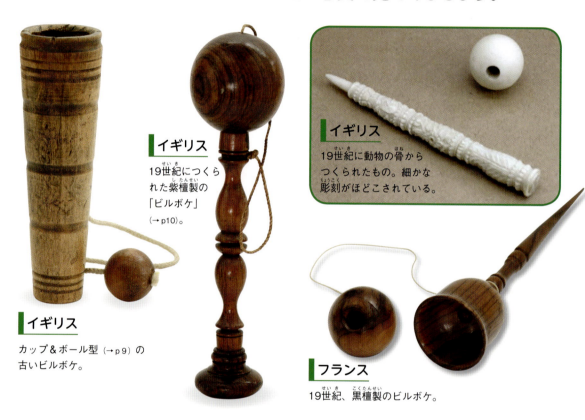

■イギリス
19世紀につくられた紫檀製の「ビルボケ」（→p10）。

■イギリス
19世紀に動物の骨からつくられたもの。細かな彫刻がほどこされている。

■イギリス
カップ＆ボール型（→p9）の古いビルボケ。

■フランス
19世紀、黒檀製のビルボケ。

■フランス
19世紀にツゲの木からつくられた、組みたて式のビルボケ。

メキシコ
どちらも「Balero」とよばれるメキシコのけん玉。あざやかな彩色が特徴的。

イタリア
木材でつくられたもの。

インド
インドでつくられ、アメリカで販売されたもの。

コロンビア
透明のプラスチック製。

グリーンランド
アザラシの骨からつくられている。

フランス
人形を模した近年のビルボケ。

アメリカ
南北戦争（1861～1865年）をモチーフにしたもの。

エルサルバドル
2000年ごろに販売されていたもので、色を塗った木材をけずって模様が描かれている。

もくじ

はじめに ……………………………… 2
世界じゅうにあるけん玉 …………… 4
この本のつかい方 …………………… 7

パート1
けん玉の歴史と進化 …………… 8
1 けん玉の「仲間」とは？ ………… 8
2 ビルボケとは？ ………………… 10
3 日本のけん玉は大人のあそびだった？ … 12
4 江戸時代のけん玉いろいろ …… 14
5 明治～大正時代のけん玉 ……… 16
6 大正・昭和時代、日月ボールの誕生 … 18
7 進化するけん玉 ………………… 20
8 進化する技 ……………………… 22
9 インターネットがもたらしたもの … 24
10 増えつづける海外のけん玉ファン … 26
11 ネットと現実が交わる時 ……… 28
12 けん玉ワールドカップ ………… 30

パート2
けん玉であそぼう！ …………… 32
1 初級編
大皿 ………………………………… 32
リフティング大皿、つばめ返し … 33
野球 ………………………………… 34
ろうそく、飛行機 ………………… 35
とめけん、日本一周 ……………… 36
居合とめけん ……………………… 37
もしかめ、竹とんぼ ……………… 38

2 中級編
ふりけん、世界一周 ……………… 39
けんフリップ大皿、灯台～さか落とし … 40
つるしとめけん、はねけん ……… 42
うぐいす …………………………… 43
すくいけん、一回転飛行機 ……… 44
ダウンスパイク …………………… 45
灯台～とめけん …………………… 46

3 チャレンジ編
レジェンド ………………………… 47
うぐいすの谷渡り、USA 一周 …… 48
竹馬、うずしお灯台～さか落とし … 50
月面着陸 …………………………… 51
宇宙遊泳、中皿極意 ……………… 52
けんフリップ地球まわし ………… 53
円月殺法 …………………………… 54

終わりに ……………………………… 55

2014年にSweets Kendamasが主催し、アメリカ・ミネソタ州で開催されたけん玉大会。

この本のつかい方

この本は、 パート1 「けん玉の歴史と進化」と、 パート2 「けん玉であそぼう！」の2つのパートにわかれています。

本文の内容について、よりくわしく解説したコラムです。

写真や絵を豊富に掲載しています。

パート1では、けん玉の歴史と進化を、歴史的な資料とともに紹介しています。

パート2では、難易度におうじて初級編、中級編、チャレンジ編にわけ、32のけん玉の技を紹介しています。

写真をつかってやり方をていねいに解説しています。

パート1

けん玉の歴史と進化

1 けん玉の「仲間」とは？

Joueurs de bilboquet.

日本のけん玉は、昔から木でつくられていましたが、海外には、動物の骨や牙をつかってつくられたけん玉がありました。

けん玉はあそびとはかぎらない？

けん玉といえば、子どものあそびをイメージします。『大辞林』にも、けん玉は「剣玉」または「拳玉」とされ、「玩具の一」「一端をとがらせ、一端を皿状に刳った柄に、両端が皿状の台を横向きにつけ、柄の中ほどに糸を結んでその先に穴をあけた球をつけたもの。球を振りあげて柄のとがった先端にはめたり、くぼみに乗せたりして遊ぶ」（大辞林 第三版）と記されています。

けん玉の起源についてはっきりしたことはわかっていませんが、16世紀以降のフランスに流行の記録が残っています。また、もっと古い時代にけん玉と似た道具があって、占い、儀式、狩りの練習、賭けごとなど、さまざまな場面でつかわれていたのではないかともいわれています（→コラム）。その形状は「けん」と「玉」ではなく、つかい方もいろいろで、地域によってもさまざまなものがありました。

アメリカ北西部やカナダ、グリーンランドなど北方にくらす先住民族には、昔からAjaqaq（発音は「アヤガック」に近い）とよばれる、けん玉に似たものが伝わっています。笑いながら、時に真剣にそれをつかう姿が上のような絵になって、いまに残されています。それはまさにけん玉！

社会学者が記したけん玉

フランスの社会学者ロジェ・カイヨワの『遊びと人間 増補改訂版』（多田道太郎、塚崎幹夫訳、講談社、1971年）には、けん玉について、「はじめのうちは呪術の道具であった」「すでに失われた信仰に起源をもつか、あるいは元の意味を失った儀式を形だけ再現している遊び」と記されています。「エスキモーが拳玉の遊びをするのは、春分の時に限られている。しかも、その翌日は狩りに行ってはならないのである。このように潔斎期間のあることは、拳玉をすることが最初は単なる娯楽以上のものであったと考えないかぎり、説明がつかぬであろう」ともされています。

パート1　けん玉の歴史と進化

皿と玉・玉と棒・輪と棒

世界各地で見られるけん玉の仲間は、大きくは下の3つに分類することができます（写真はその一例）。

カップ＆ボール（皿と玉）

カップ　　ボール

ボール＆ピン（玉と棒）

ピン
ボール

リング＆ピン（輪と棒）

リング　　ピン

先住民族に伝わるけん玉の多くは、「リング＆ピン」の仲間になります。日本の先住民族であるアイヌにも、「鷲の爪輪」とよばれる「リング＆ピン」があります。

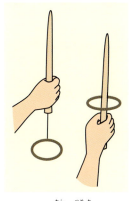
アイヌの「鷲の爪輪」。
『アイヌ風俗絵巻』（西川北洋 著、トミヤ出版部、1943年）参考

これら3種類は、たとえば「カップ＆ボール」と「ボール＆ピン」の組みあわせというように、それぞれが複雑に組みあわせられて歴史に登場してきました。

世界のさまざまなあそびについてまとめた『GAMES OF THE WORLD』という本には、かつてフランスで流行したものや、日本のけん玉など、さまざまなものが紹介されています。

『GAMES OF THE WORLD』のけん玉に関係するページ。
Frederic V. Grunfeld著、Ballantine Books、1975年

2 ビルボケとは？

18世紀につくられたビルボケ。

16世紀にフランスで流行した「ビルボケ」は、世界でもっとも有名なけん玉といわれ、いろいろな記録が残っています。

王様もあそんだ「ビルボケ」

16世紀後半、フランス王アンリ三世は、当時フランスの子どもたちのあいだではやっていた「ビルボケ（Bilboquet）」が非常に気に入って、熱心にあそんでいたといわれています。それを見て、家臣たちの多くもビルボケをするようになりました。このため、ビルボケは「王族・貴族のあそび」とよばれました。

しかし、ビルボケをする人たちの姿を描いた絵には、子どもから大人まで、しかも高貴な人たちから庶民まで、さまざまな人たちがビルボケをたのしむようすが描かれています。ということは、ビルボケは、王族・貴族のあそびであったり、庶民のあそびであったりと、何度も流行をくりかえしながら長いあいだ親しまれてきたと考えられます。

ただ、王族・貴族といった人びとがあそぶようになったことにより、高級な木材や象牙がビルボケの材料としてつかわれ、精巧な彫刻がほどこされるようになったといえるでしょう。

1902年ごろ、フランスで販売されていた料理用ブイヨンについていたコレクションカード。アンリ三世と家臣がビルボケであそぶようすが描かれている。

フランスの絵はがきに残された、ビルボケをする少年たち。子どもたちもビルボケをしていたことがわかる。

けん玉のルーツは？

ビルボケはフランスからヨーロッパの各地に伝わり、その後、中南米などヨーロッパ諸国の植民地へも伝わっていきました。しかし、いつごろ、どのように世界各地へ広まったかなどのくわしいことはほとんどわかっていません。また、ビルボケをルーツとするといえないけん玉の仲間も、世界にはたくさん見られます。

何がルーツかではなく、世界各地で偶然、同じような道具がつくられたと考えるほうがよいかもしれません。ほかの地域から伝わった場合でも、その地域の材料がつかわれ、独特のけん玉になったものもあります。

どの地域のけん玉についても、玉が皿にのったり、けんにささったりしたときの喜びや、失敗したときのくやしさ、また、できるまでやってみようという気持ちは、国や地域、そして時代をこえて、すべて共通だといえるでしょう。

J・ステラ「子ども遊戯図」（1657年）に描かれた「輪抜け跳びと拳玉遊び」。
『Le Bilboquet』（Marivaux著、Publications de l'Université Saint-Étienne、1995年）より

1905年ごろにフランスにできたビルボケアカデミーの資料を転載したと思われる、1907年のイギリスの新聞記事。さまざまなビルボケが確認できる。

3 日本のけん玉は大人のあそびだった？

日本のけん玉は、江戸時代、酒の席などで大人があそぶものでした。「匕玉拳」などとよばれていたといいます。

失敗したら、お酒を一杯

けん玉が日本で誕生したのは、江戸時代です。一説によると、フランスではやっていた「ビルボケ」が長崎に入ってきて広まったともいわれていますが、証明はされていません。

当初のけん玉は、大人が酒の席であそぶものとして広がりました。けん玉に失敗したらお酒を一杯飲まなければならないというものでした。形状は、現在のけん玉とはちがい、玉とカップのような部分だけで、9ページの分類の「カップ＆ボール」に属するものでした。

下の絵は、江戸時代に描かれたけん玉あそびのようすです。

絵の左下に見える箱には、独楽などの玩具が入っています。この女性たちは、けん玉や独楽をお座敷芸として練習していたのでしょうか。練習だとしても、二人の女性の表情はたのしそうです。時代がちがっても、けん玉のもつたのしさは同じだということがわかります。なお、8ページに紹介した『遊びと人間』にも、けん玉と独楽が同様な役割の道具としてあつかわれています。

なぜ「拳」という漢字？

「拳玉」にも「匕玉拳」にも、「拳」という漢字がつかわれています。それは、けん玉も「拳あそび」の一つだったためと考えられます。「拳あそび」とは、手の開閉または指の屈伸などによって勝負を決めるあそび（現代のじゃんけん）。のちに、手だけでなく体全体を用いたり、けん玉のように道具を用いたりするようになりました。基本的には酒宴でおこなわれるあそびでしたが、そのうちのいくつかは子どもにも広まりました。日本のけん玉について記した、現在確認できるなかではもっとも古い本『拳会角力図会』には、匕玉拳という名称であそび方の説明と図がのっています（→右ページ）。

歌川国貞の絵に残されたけん玉あそびのようす。
『明鴉墨画廼裲襠』13編 歌川国貞／早稲田大学図書館蔵

パート1　けん玉の歴史と進化

高級なあそび道具だった

下の『拳会角力図会』に描かれたさし絵からは、当時のけん玉が花梨や紫檀といった高級な木材でつくられ、精巧な図柄が彫刻されていることがわかります。また、江戸の風俗習慣などを集め1830（天保元）年に出された『嬉遊笑覧』には、「鹿の角でつくった玉を投げて」との記載もあります。これらの資料から、当時のけん玉は裕福な人びとのあそびであったと考えられます。

右に紹介するのは、『拳会角力図会』と『嬉遊笑覧』にある、けん玉に関する記述です。

『拳会角力図会』
（義浪・吾雀篇述、1809年）

これも図に出せしごとく、唐桑・花梨・紫檀などのかたき木にてコップを造り（図のごとく、すこし長き形のコップなり）本に長き紐を付け、そのはしに同木にて造りたる玉を結び付け、右の木酒器へ彼の玉を五遍のうちに一遍すくひ入れるか、また三べんの中に一ぺんすくひ入れるか、いづれにても最初のきはめによりて玉をすくひ込み、勝まけをあらそふ。この拳、双方かはるがはるにする事なり（すくひそんじたるかたにさけを呑ますなり）。

※「近世からくり玩具の史料研究」（安田真紀子、1998年）参考

『嬉遊笑覧』巻十上・飲食
（喜多村信節著、1830年）

「安永六七年の頃拳玉と云もの出来たり猪口の形をして柄あるものなりそれに糸を付て先に玉を結たり鹿角にて造る其玉を投て猪口の如きもの、凹みにうけさかしまに返して細きかたにとゞむるなり若うけ得ざる者に酒を飲しむ」

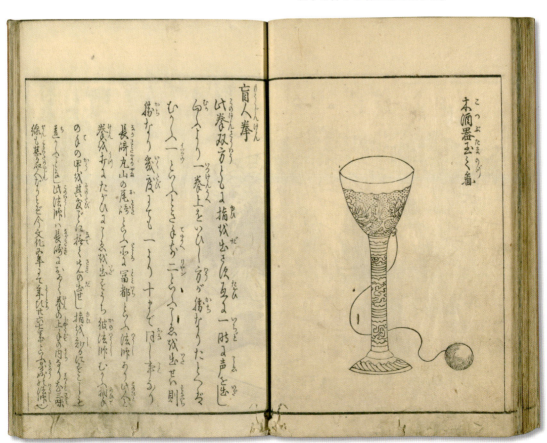

『拳会角力図会』下巻。けん玉は、七玉拳の解説の数ページ後に、木酒器玉之図として登場する。　　国立国会図書館蔵

4 江戸時代のけん玉いろいろ

けん玉が広まるとともに、よりむずかしさがもとめられ、各地でいろいろな形に変化していきます。

浮世絵にも描かれた！

明治時代の郷土玩具研究者として知られている清水晴風の『うなゐの友』という本に描かれたけん玉は、棒の一方が皿、もう一方はとがっていて、玉をさすしかけになっています。

時代をさかのぼり、江戸時代の浮世絵師・歌川広重の描いたけん玉もこれによく似ています。これらから、江戸時代には「けん先」に玉をさすあそびがすでにおこなわれていたことがわかります。

それ以前の、玉を皿にのせるだけのあそびではものたりなくなったのでしょうか。玉を皿にのせるだけなら、慣れればかんたんにできるようになります。よりむずかしさがもとめられ、けん玉が変化していきました。もちろん、玉を皿にのせるだけのものもありました。つまり江戸時代の日本には、9ページの「カップ＆ボール」型と「ボール＆ピン」型、そしてその複合型ができていたのです。

江戸のまちで見られたこのようなけん玉は、当時から木工がさかんだった箱根や小田原で生産されていたと考えられています。

江戸時代の玩具を集めた『うなゐの友』（清水晴風著、芸艸堂、1902年）二編にあるけん玉の図。
秋田県立図書館蔵

歌川広重（1797〜1858年）の絵に箱根産湯本細工として登場したけん玉。
『日本玩具集おしゃぶり東海道編』（有坂與太郎 編、郷土玩具普及會 1926年）より

歌川広重と歌川豊国の共作による「双筆五十三次・小田原・酒匂川・歩行渡箱根山遠望」（1854年）。かがんでいる少女が右手にもっているものは上の絵のけん玉に似ている。
国立国会図書館蔵

パート1　けん玉の歴史と進化

けん玉がのっている本

左ページで紹介した清水晴風の『うなゐの友』のほかにも、明治から大正時代にかけて、けん玉が紹介されている本がたくさん出版されました。そのなかから、次の3つについて見てみましょう。

『玩具の話』
（天沼匏村著、芸艸堂、1914年）
「これは新らしい玩具でありませうか、古い書物には見えぬ様ですが、轆轤細工の棒で一方が尖り一方が皿になつてゐるのへ、絲で繋いだ玉をのせるのです、湯本細工などに極めて普通です玩具としては上乗のものでせう」

国立国会図書館蔵

『日本遊戯史』第16章「拳」
（酒井欣著、建設社、1935年）
「その一一 匕玉拳 この拳は、拳の盛時時代安永年間に創案された玩具で、（略）今も児童の翫びつつある拳玉（日月ボール）の前身であつて當時でも拳玉といはれてゐた。勿論現今の拳玉は創案當時とはいたく形態が異なつてはゐるが……」

国立国会図書館蔵

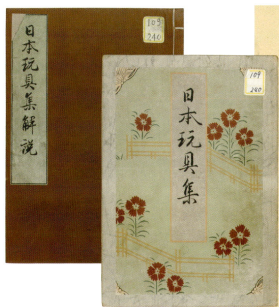

『日本玩具集解説』
（児童用品研究会編、芸艸堂、1917年）
「木製なり、一端は尖りて一端は圓く凹みて（略）一孔を有する玉となるより名く、両者を糸にて繋ぎ、前者を手にして（略）凹める方に受け或は尖れる方にて球の孔を刺し受くるなり、主として六七歳頃よりの男兒の用とす、明治十五六年頃より行はる。」

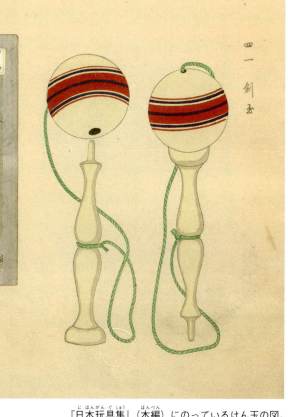

『日本玩具集』（本編）にのっているけん玉の図。
国立国会図書館蔵

5 明治～大正時代のけん玉

江戸時代に酒の席で大人のあそびにつかわれていたけん玉ですが、明治時代に入ると、子どもたちのあそび道具としてどんどん広まっていきました。

「盃及ヒ球」＝カップ＆ボール

1876（明治9）年、文部省（現在の文部科学省）は、子どもたちの教育について解説したイギリスの書籍を翻訳して発行。この『童女筌』という本は、ヨーロッパの女の子のあそび、歌、玩具などを紹介しています。そのなかには、けん玉が「盃及ヒ球」（カップ＆ボール→p9）として紹介されています（けん玉のことを「盃及ヒ球」としたのは、翻訳したオランダ人のファン・カステールが日本のけん玉のことを知らなかったからではないかといわれている）。

日本のけん玉は、この本をきっかけにして、大人のあそびから子どもの世界に広がったといわれています。こうしてけん玉は、子どものあそびとして定着していきました。その後も大正初期まで、玩具をあつかった本には同じようなけん玉が紹介されています。

女の子から男の子へ

当初、子どもの世界のけん玉は女の子のあそびとして紹介され、本のさし絵にも女の子がけん玉であそぶ姿がよく見られました。しかし実際には、けん玉は男の子に人気が高まっていきます。

1917（大正6）年に発行された『日本玩具集解説』（→p15）には、けん玉を「男兒の用とす」と記され、1919（大正8）年の『木製玩具製作法』にのった「児童玩具調査報告」では、けん玉は、「小学校男子が家であそぶ玩具の一覧」のなかに記されていて、女子の欄にはのっていませんでした。

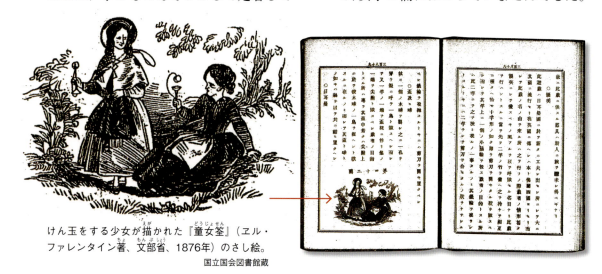

けん玉をする少女が描かれた『童女筌』（エル・ファレンタイン著、文部省、1876年）のさし絵。
国立国会図書館蔵

パート1　けん玉の歴史と進化

当時のあそび方

けん玉には、さまざまな「技」や「競い方」があります。技の種類や複雑さが、現在のけん玉の人気の理由の一つとなり、それだけに競技もおもしろいものになっています。

しかし、明治時代から大正時代のはじめごろまでは、けん玉のあそび方はとても単純でした。玉を皿にのせたり、先のとがった部分で受けたりするだけ。二人であそぶときは、交代でやってより多く成功した方が勝ち、といったあそびだったと考えられます。そのため、技や競技について解説した資料は、ほとんど見つかっていません。ということは、当時のけん玉は、それほど熱中する人が多いあそびではありませんでした。

ところが、大正時代の半ばすぎ、突然けん玉の大ブームが起こることになるのです。それは、形状の大きな変化によるものでした。

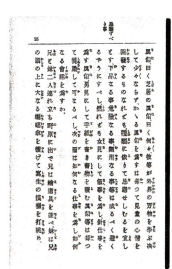

『玩具ト遊戯』
(民友社、1894年)
「剣玉とは英語にて『コップ、エンド、ボール』と称し、球に六七寸の細糸を附して柄に結び、柄をとり拇と食指とにて球を躍らして自由に転廻せしめ、其動き方の定りたる時を見定め少しく動かして球を投げ上げひょいと「コップ」の中に受け或は柄尾の剣に受くる遊なり」

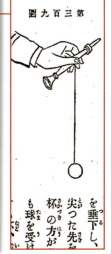

『世界遊戯法大全』
(松浦政泰編、博文館、1907年)
「木の棒の一方は剣の如く尖がり、一方は浅い杯のやうになつて居るものに一尺計りの糸をつけ、其先に象牙又木の球に穴の穿いて居るものを垂下し、此糸を急に引き高く球を空中にあげ、棒の尖った先を穴に入れるか又は杯で受けるのである。」

いずれも国立国会図書館蔵

6 大正・昭和時代、日月ボールの誕生

江草さんの設計図通りの形をした日月ボール。玉の受け皿（大皿・小皿の部分）がつき、あそび方が多様になった。

大正時代に「日月ボール」とよばれるけん玉が登場。これは、棒と玉だけでなく、玉を受ける皿がついた「カップ＆ボール」と「ボール＆ピン」（→p9）の複合型でした。

現在のけん玉の形状へ

「日月ボール」は、広島県呉市の江草濱次*さんが考案したけん玉です。江草さんはこの形のけん玉で、1919（大正8）年に実用新案を取得しました。まもなく彼は、自分が考えたけん玉の製造を、広島県廿日市市の本郷木工品製造所（現在の株式会社本郷）に依頼。1921（大正10）年ごろより生産がはじまりました。このことにより、いまでは廿日市市は「けん玉発祥の地」とされています。

けん玉の製造は当初、足踏みでろくろを回し、すべて手作業でおこなわれていました。ところが、それでは生産がおいつかず、1924（大正13）年には動力式のろくろを導入。大量生産をはじめると、このけん玉が関西方面を中心に大変な人気となります。廿日市市から毎日貨車で出荷したということから、その加熱ぶりがうかがわれます。

＊名の読み方は「はまつぐ」とする資料もある。

株式会社本郷・前会長の本郷盛人さんの手記

「大正十年、大阪心斎橋の的屋の顔役であった江草濱次氏（呉市出身）が、本郷木工（私の父東平が明治四十一年に創業）に来訪、氏が考案した特許『日月ボール』の制作を依頼されました。」という記述があり、それまで玉と棒だけだったけん玉に受け皿を取りつけたとされています。「私が小学校に入学する大正十五年まで、江草氏にはとても可愛がられたものでした。」とも書かれています。

江草さんに依頼され、日月ボールの製造を開始した本郷東平さん。
提供：株式会社本郷

昭和30年ごろの製造のようす。
提供：株式会社本郷

昭和初期のけん玉ブーム

けん玉の大流行は、1924（大正13）年にはじまりました。昭和時代に入ってもブームは続き、けん玉は関西から全国へとどんどん広まっていきました。そして1933（昭和8）年に、ふたたび大ブームが起こりました。このときのブームの原因は、あそび方や技が飛躍的に増えたことだといわれています。また、江草さんらが宣伝のために「日月ボールの歌」（→コラム）をつくって各地で宣伝活動をくりひろげたことも、ブームの要因でした。廿日市市をまねて、各地でけん玉がつくられるようになり、お土産、民芸品としてのけん玉も多く登場しました。

> **宣伝のためにつくられた「日月ボールの歌」**
>
> （一）世は大正の年間に日月ボールと名をつけし
>   　　教育玩具はこれですよ
> （二）水や高き日の本に苔の蒸すまで変なく
>   　　進み変るは陣地にて
> （三）海には魚よりいと迅く戦艦速力戦馬力
>   　　陸には鉄道の線を引き
>   　　最大急行や汽車の便
>   　　　　　（略）
> （九）三府の土地にない玩具　日月ボールは面白い
>   　　教育がん具の智恵の玉

広島県廿日市市には、けん玉（日月ボール）発祥の地としてのモニュメントが建てられている。

民芸品として数多くつくられたけん玉。こけしの形をしたものも多い。

7 進化するけん玉

けん玉は時代の変化とともに消滅のピンチもむかえました。しかし、危機をのりこえ、その後、最大のブームが起こることになります。

紆余曲折の時代

広島県廿日市市では、昭和30年代の最盛期に全国シェアの6割にあたる年間30万本ほどのけん玉を生産していました。ところがその後、生産はどんどん減っていき、一部の愛好家だけのものになってしまいました。その理由としては、当時のけん玉はどれも、子どもの玩具またはお土産品以上のものではなく、精密に設計・製造されたものではなかったことがあげられます。

日本のけん玉愛好家たちは、自分たちの技をきわめたり、競技に勝つために自分で玉の穴をけずったり、けん先に鉛筆のキャップをつけたり、さまざまな工夫をしながらたのしんでいました。

競技用けん玉の誕生

そうしたなか、1968(昭和43)年、けん玉をより深くたのしみ、高度な技を開発する大人の愛好家の集まりができました。「東京けん玉クラブ」(新間英雄さん主催)です。彼らは、より高度な技ができるけん玉をもとめ、木工職人さんとともに形状の改良などに取りくみました。

その結果、新間さんの設計による、精巧に設計・製造された最初の競技用モデルが誕生します。それは、1976(昭和51)年に宮城県内でつくられた試作品で、のちに「S型けん玉」とよばれました。まもなくS型けん玉は、小田原で商品として本格的に製造され、販売されるようになりました。

競技用けん玉の元祖・S型けん玉(発売元：民芸交易)。けんの高さに応じて17型、18型など複数の種類がある。

パート1　けん玉の歴史と進化

競技用けん玉

競技用とよばれる精巧につくられたけん玉は、現在にいたるまでさまざまなものが開発されてきましたが、どれも、S型けん玉の基礎の上に立っているともいえます。その上で、形状の微調整や木材の研究などがくわわり、よりよいものへと進化していきました。

日本けん玉協会の競技用けん玉（初代会長・藤原一生さんのサイン入り）。

1975（昭和50）年には「日本けん玉協会」（現在の公益社団法人日本けん玉協会）がつくられました。この協会は1977年に、S型けん玉を参考にして、独自の競技用けん玉（上）を発表しました。その後も競技用けん玉が進化したことで、日本にかつてないブームがやってくることになります。

1977年の大流行

1977（昭和52）年、日本けん玉協会と東京けん玉クラブの二つのグループの活動がテレビなどで大きく取りあげられたことをきっかけに、「けん玉ルネッサンス」とよばれる大ブームが起こりました。ところがその流行は、子どもたちではなく、大人が主体のものでした。『けん玉入門』『けん玉のテクニック』といったけん玉のあそび方や技などを紹介する本がつくられ、高度な技ができる人が次つぎと話題をよびました。

当時のけん玉の腕自慢たちは、自分たちの技を競うとともに、けん玉からはなれていた子どもたちに対する、けん玉の普及活動にも力を注ぎました。

ルールの統一

日本けん玉協会は、スポーツ競技としてけん玉を広めるため、「全国統一ルール」とけん玉の「統一規格」をつくりました。また、けん玉の普及を目的に、「級位段位認定試験」を定めました。結果、けん玉の技術レベル、とりわけ基本的な技を正確に決める技術はどんどん向上していきました。

こうして、日本で生まれた新しいけん玉が発展し、全国大会なども開催されることになりました。

この時期のけん玉の本

日本初のけん玉専門の本は『けん玉入門』（新間英雄著、刊々堂出版社、1978年）。この本には、競技用けん玉の誕生について、次のように書かれています。

「今までけん玉の製作というのは、あくまでもおもちゃの域から脱せず、精巧に作ろうという態度が製作者の側にありませんでした。（略）ついに非常に精巧な木地玩具の製作者にめぐり合い、長年の夢であった本格的なけん玉を世に送り出すことに成功しました。」

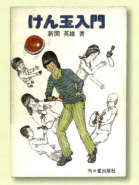

大皿と小皿の部分だけを10個つなげた改造けん玉。写真は、同時に10個の玉をのせる技に挑戦しているところ。

8 進化する技

けん玉の技は、けん玉そのものの進化とともにどんどん考案されていきました。とくに昭和50年代以降、それまでになかった技が次つぎと登場します。

けん玉の奥深さ

競技用けん玉は、より高度な技をよりやりやすくするために生まれたものです。

さまざまな創意工夫をこらした「バランス技」、不可能にさえ思われるような「空中技」……。競技用けん玉の誕生により、数えきれない技が生みだされていきました。それはどれも、けん玉のもつ奥深さに魅了された人たちが、たのしみながら練習に練習をかさね、考え、工夫してつくりあげたものです。

けん玉の上達には、すでにある技ができるようになることが重要です。でも、けん玉のおもしろさは、これまでにある技ができることだけではありません。「いろんな技を連続でつなげてみる」「自分自身でまったく新しい技を考える」というようなたのしみ方もあるのです。

また、けん玉そのものを自分なりに改良したり、色を塗ったりすることや、自分の手にしっくりくるけん玉をさがすことなども、実はけん玉あそびの醍醐味の一つといえます。逆にいえば、そのように考えることをしなくなったり、道具の多様性が失われたときには、けん玉のもつおもしろさは半減してしまうといえるでしょう。

けん玉の上達にとって大切なこと

けん玉の上達には、まずは人のまねをとことんやってみることがとても大切です。近くに上手な人がいれば、その人がけん玉をするようすをよく見て、まねをします。インターネットなどで動画を見ながらでもかまいません。

そうしているうちに、「こんな技ができるかもしれない」と、頭のなかで思いえがくことができるようになります。そして、思いえがいた技ができるまで練習すること。何百回やってもできない、不可能にさえ思える技でも、ある瞬間、ふとコツがつかめることもあります。

技が決まったときのうれしさは格別。

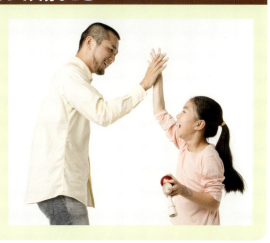

けん玉の技の数はいくつある？

「けん玉の技っていくつくらいあるの？」と気になる人が多くいます。

結論からいえば、正確にけん玉の技の数を数えた人はいません。一つの動作でも、玉をどこにのせるかなどによって数百にも分類できると考えられます。さらにそれらの組みあわせで一つの技ができるため、技の数は数えられないほど多くなります。また、玉を前に振るのと、うしろに振るのを同じ技とするか、別の技とするかなど、考え方もさまざまです。さらに、現在も新しい技がどんどん生みだされています。

けん玉の奥の深さは、「技がいくつある」ということではなく、無限のあそび方、たのしみ方を考えられることにある、といえるでしょう。

現在は、海外でも新しい技が誕生しつづけている。

9 インターネットがもたらしたもの

日月ボールから競技用けん玉として進化した日本生まれのけん玉が、インターネットを通じてどんどん世界へ広がっています。

日本から海外へ

いま、「日本発のけん玉」の奥深さに魅了され、のめりこむ人はあとを絶ちません。そうした人たちは、海外でも増えつづけています。この背景には、「日本発のけん玉」を広めようと、けん玉をもって海外に渡った日本人の存在がありました。それらの日本人のなかには、モンゴル、モザンビーク、ウズベキスタンなどへいって、けん玉を教え、大会を開いた人もいました。

2000年代中ごろには、インターネット上に公開された動画サイトを見た外国人が、けん玉に興味をもちはじめました。そして共通の趣味をもった人が、SNSなどを通じて国や地域をこえて集まるようになりました。インターネット上で「日本発のけん玉」の愛好家グループが生まれ、情報交換するようになっていきました。

アメリカのコリン・サンダーさん

けん玉動画が数多く公開されていくなか、2009年、世界じゅうに大きな影響をあたえた動画が登場。これは、アメリカのコリン・サンダーさんが公開したものでした。彼は2007年ごろ、日本にきたアメリカ人スキーヤーがけん玉をするDVDを見て興味をもち、すぐにけん玉の練習をはじめたといいます。彼の技術は、2009年ごろには日本のトップレベルと同じくらいでしたが、彼がけん玉愛好家にあたえた衝撃は、技のすばらしさだけではありませんでした。撮影場所やバックミュージックに工夫がこらされた動画に、世界の人びとがひきつけられたのです。

コリンさんがけん玉をはじめたころ、日本でけん玉に出会った別のアメリカ人の若者がKendamaUSAという団体をつくり、けん玉の通信販売をはじめました。その後、コリンさんはこの団体と協力して、アメリカでのけん玉の普及を進めていきました。

モザンビークの子どもがけん玉であそんでいるようす（2005年）。

アメリカのけん玉大会、DAMA FEST

　近年、海外での日本発のけん玉人気は、とくにアメリカやヨーロッパで高まってきています。2010年ごろからはアメリカ各地で、KendamaUSAのほかにもSweets Kendamasなど、けん玉の販売会社がいくつもつくられました。

　それらの会社は、けん玉のプロモーションビデオをつくったり、けん玉のイベントを開いたりしました。結果、アメリカでのけん玉の認知度はどんどん上がっていき、けん玉は「かっこいいニュースポーツ」の地位を獲得しました。

　2011年には、KendamaUSAの本社があるジョージア州アトランタで、はじめての大規模イベント「DAMA FEST」が開催されました。会場にはポップな音楽がかかり、競技、デモンストレーションなどが次つぎとくりひろげられました。そのようすは動画サイトを通じて世界のけん玉ファンが見ることとなりました。

　そのころ日本のけん玉大会というと、いかに正確に技を決めるかを競うものがほとんどでした。そのため日本のけん玉愛好家たちの多くは、DAMA FESTのようすを見て、まったくちがう雰囲気のけん玉イベントに圧倒されました。

　アメリカでは、けん玉をはじめてまだ数年という10代、20代の若者が、信じられないほどむずかしい技を次つぎに決めています。すでに2010年にはプロチームが結成され、DAMA FESTでは彼らのサインをもとめる列ができていたのです。

　日本発のものだと思われていたけん玉は、すでに海外で大きく進化していました。そのけん玉が、日本へ逆輸入されたのです。日本の従来のけん玉のイメージは、ここから大きくかわっていくことになりました。

2011年にアメリカで開催され、けん玉が広がるきっかけとなったDAMA FEST。

10 増えつづける海外のけん玉ファン

アメリカのけん玉専門会社、プロのけん玉チーム、DAMA FESTなどが世界じゅうのけん玉ファンにもたらした影響は、すさまじいものでした。

海外のけん玉コレクター

アメリカ以外の国でも、けん玉愛好家はどんどん増えていきました。イギリス、オランダ、スイス、デンマークなどでも、すごい腕前の人たちがぞくぞくとあらわれました。彼らのなかには、けん玉に魅せられ、けん玉の歴史を研究したり、世界各国のけん玉をコレクションする人もいました。

下の写真のコレクションのもち主は、オランダのけん玉コレクター、アレックス・ラオシュさん。彼は2009年からインターネットで見た動画をきっかけにけん玉をはじめ、いまではアメリカのけん玉チームSweets Kendamasのメンバーとなるほどの腕のもち主です。彼が有名になったのは、けん玉の実力はいうまでもなく、けん玉のコレクションの多さにもあります。日本人以上に日本のけん玉の歴史を研究し、かつて、どこでどんなけん玉が販売されていたかについてもくわしく調べています。

アレックス・ラオシュさんのコレクション。

技を決めるアレックスさん。

パート1　けん玉の歴史と進化

国際けん玉フォトコンテスト

　海外でけん玉の人気が広まるなか、日本では、ことばの壁もあり、海外のけん玉グループと接点をもつ人はあまり多くいませんでした。

　しかし2012年6月、「発祥の地だからこそできることがある」という考えのもと、グローバルけん玉ネットワーク（GLOKEN）が設立され、一般社団法人として活動を開始しました。

　GLOKENはまず、インターネット上でけん玉の写真を募集し、「国際けん玉フォトコンテスト」を開催しました。すると、アメリカ、カナダ、ルーマニア、デンマーク、イギリス、香港、マレーシア、そのほか多くの国からの応募があり、世界各国のけん玉の写真が集まりました。「日本でこのようなコンテストを開いてくれてありがとう」といったメッセージが届き、世界のけん玉愛好家にとって「発祥の地」への関心が高いこともわかりました。

日本が世界に誇れるもの

　日本には、世界に誇れることがあります。それは、けん玉自体の品質の高さと、それをつくれる技術力があることです。

　下の写真は、広島県廿日市市にある株式会社イワタ木工の職人さんが手づくりしたけん玉です。

　イワタ木工は、2002年から2008年まで「夢元」という名称のけん玉を販売しましたが、その後は製造を中止。しかし、その高い品質と塗装の美しさにより、オークションサイトなどを中心に、海外プレーヤーのあいだで人気が上昇しました。1500円ほどだったけん玉が時に5万円をこえるほどになり、復活を望む声が高まった結果、イワタ木工は2013年に「夢元無双」を発売して、大人気となりました。高品質のけん玉を生産できる職人さんがいることは、世界のけん玉愛好家が日本に注目する、大きな理由となっています。

国際けん玉フォトコンテストの作品の一部。

イワタ木工の職人によりつくられた「夢元無双 Zoomadanke Ruby Red」。

11 ネットと現実が交わる時

同じ趣味をもつ世界じゅうの人びとが、国境をこえていま、SNSや動画サイトなどインターネット上で出会い、そして活発に交流しています。

富士山をバックにけん玉をするアメリカ・KendamaUSAのアレックス・スミスさん。KendamaUSAのプロモーション画像としてつかわれている。

KendamaUSA Japan Tour 2012

けん玉を愛好し、技をみがき、動画サイトで自分の技を公開したり、コンテストに出場したりする人たちは、ほかのニュースポーツのプレーヤーと同じように、「けん玉プレーヤー」とよばれています。近年では日本人も、けん玉プレーヤーとして頭角をあらわすようになりました。

その一人嶋寺克彰さんは、けん玉を普及させるためには動画が役立つことにいち早く気づいた一人です。2009年には、けん玉の基本技から上級技までを段階的に動画で撮影し、スローモーション映像をおりまぜてインターネット上に公開。その動画は海外のけん玉愛好家やプレーヤーの多くが参考にする作品となりました。

2011年からは、嶋寺克彰さんら日本のトップけん玉プレーヤー数名がEKO（ヨーロッパけん玉オープン）とよばれる大会に参加するなど、日本人とヨーロッパプレーヤーとの交流もさかんになってきました。そうしたなか2012年11月、KendamaUSAのプロメンバー全員が「KendamaUSA Japan Tour 2012」として来日。けん玉を普及させるためのプロモーションビデオ撮影などがおこなわれました。その際、彼らと多くの日本人プレーヤーとの交流が実現しました。

いよいよ日本のけん玉も世界の潮流にのり、インターネット上で交流してきた世界のプレーヤーたちが、海をこえて実際に出会うようになってきました。

インターネットでの交流をへて、2012年にはじめて対面をはたしたKendamaUSAのメンバーと著者（写真右から2番目）。

パート1　けん玉の歴史と進化

GLOKEN主催のけん玉イベント

　日本人のけん玉プレーヤーが海外のイベントに参加する一方、海外のプレーヤーは、日本でGLOKENが主催するけん玉イベントに参加するようになりました。すると、外国の一流プレーヤーが派手な技を披露するイベントに、日本のマスコミも注目するようになってきました。外国人がけん玉をしているということ自体のめずらしさも手伝って、大きく取りあげるマスコミも増えてきました。

　また、けん玉パフォーマンスコンビの「ず～まだんけ」や、「けん玉師」として長年活動してきた伊藤佑介さんらが、日本のけん玉の海外公演をおこなうなど、日本のけん玉の魅力が、海外に発信される機会もどんどん増えていきました。

ず～まだんけ（児玉健さん、飯嶋広紀さん）は、世界初のけん玉パフォーマンスコンビとして、国内外を飛びまわりけん玉の魅力を発信しつづけている。左の写真は2014年7月ブラジルのサンパウロにて、大勢の観客を前にした児玉さんと飯嶋さん。下の写真は、台湾で開催された旅行博でのパフォーマンス。

2011年にイギリスでけん玉ショーをおこなった、けん玉師の伊藤佑介さん。ショーのあとには現地の子どもにけん玉を教えるなど、積極的に交流した。

12 けん玉ワールドカップ

2014年7月、広島県廿日市市で「けん玉ワールドカップ廿日市2014」が開催され、世界のトップけん玉プレーヤーが集いました。

ついにワールドカップ開催

世界のけん玉プレーヤーの交流が進むなか、けん玉の技を競う世界規模の大会をおこなおうという夢を、多くの人が抱くようになりました。その開催地は、発祥の地として世界が注目する日本、それもけん玉の製造がスタートした廿日市市がよいと考えられるようになりました。

こうしたなか、GLOKENの企画により実行委員会がつくられ、ついに2014年7月12日、廿日市市で「けん玉ワールドカップ廿日市2014」が開幕しました。

出場者108名のうち、海外からの参加者は、10の国と地域から計48名。予選、本戦が続く2日間の来場者は、3万8000人となりました。日本へのあこがれを抱く世界各国からのけん玉愛好家や、インターネット上でつながっている多くの人びとが会場に足を運び、マスコミからも注目されました。

けん玉ワールドカップ廿日市2014で優勝した、ボンズ・アトロンさんの決勝ステージ。

会場には多くの観客が集まった。

パート1　けん玉の歴史と進化

初代チャンピオンはアメリカ人

　初のワールドカップで優勝したのは、アメリカ人のプレーヤー、ボンズ・アトロンさんでした。その時、彼のけん玉歴はわずか1年11か月だったことに、多くの人たちから驚きの声が上がりました。2位もアメリカ人のクリス・ボッシュさんで、日本人では、3位の秋元悟さんが最高位という結果になりました。

　この大会は、難易度別に1から10のレベルが設定された100の技から、3分間で技をおこない、その総合得点を競うというもの。この方式は、得意な技を組みあわせられる多様性と、失敗を恐れずに何度もチャレンジできることを大切にして生まれたのです。

けん玉で世界をつなぐ

　けん玉ワールドカップは、けん玉の実力世界一を決める大会ではありますが、それ以外にも大きな役割があります。

　それは、大会前後の宿泊やツアーでの交流を通して、人と人をつなぐということです。けん玉をたのしみ、仲間と出会うことは、人生を豊かにすごす助けとなるでしょう。

けん玉ワールドカップでの来場者の交流。

優勝トロフィーを受けとったボンズさん（写真中央）と、トロフィーを制作したイワタ木工代表の岩田知真さん（写真左）。

パート2

けん玉であそぼう！

> 何回も挑戦してみよう！

> たのしみながら、技をおぼえよう！

窪田保
大瀧美月

1 初級編

けん玉の技は、どれも体全体をつかうもの。まずは初級編で、できるようになりたいと思う技から挑戦しましょう。

【けん玉の各部名称】けん先／けん／大皿／小皿／玉／中皿

大皿

かまえ：大皿

> 玉をひきあげて

> 大皿でキャッチ！

野球

かまえ — 大皿

ワンポイント
中皿で玉を打つとき、慣れるまではコツっとやさしく当てる程度にして、ゆっくり回転させよう。

玉をなげあげ、中皿のふちで玉を打って体の外側へおしだす。

そのまま玉をぐるっと回転！

ワンポイント
玉をキャッチする時、ひざのクッションをつかって！

大皿でキャッチ！

郵便はがき

料金受取人払郵便

国立局承認

577

差出有効期間
平成29年6月
30日まで

186-8790

（受取人）
東京都国立市北1—7—23

株式会社 今人舎 編集部 行

今人舎の本　◆なんでも学シリーズ◆

けん玉学　起源から技の種類・世界のけん玉まで	本体1,800円+税	冊
じゃんけん学　起源から勝ち方・世界のじゃんけんまで	本体1,800円+税	冊
鬼学	本体1,900円+税	冊
エジプト学ノート	本体1,800円+税	冊
恐竜学ノート	本体1,900円+税	冊

◆大人と子どものあそびの教科書シリーズ◆

世界のじゃんけん大集合	本体1,600円+税	冊
世界のなぞなぞ・クイズ大集合	本体1,500円+税	冊
総合学習に役立つ　世界の外あそび	本体1,500円+税	冊
右脳をきたえる・漢字が好きになる　漢字ペーパーチャレラン	本体1,500円+税	冊
あなたにもすぐできる　ペーパーチャレラン	本体1,500円+税	冊

※申込欄に冊数をご記入いただければ、裏面のご住所へ送料無料でお届けします。
　上記以外の今人舎の本についてはホームページをご覧ください。
TEL 0120-525-555　FAX 0120-025-555　URL http://www.imajinsha.co.jp/

けん玉学
起源から技の種類・世界のけん玉まで
・・・ ご愛読者ハガキ ・・・

今後の出版の参考にさせて頂きたく、下記にご記入の上、是非ご投函ください。

ご氏名	（　　才）
ご住所（〒　　　　）	TEL（　　　）
ご職業	

どこでお買い上げに なりましたか？	
書店では、どの コーナーにありましたか？	
この本を お買いになった理由	たまたま店頭で見た
	人から聞いた
	著者のファンだ
	その他

本書についてのご意見・ご感想をお聞かせください

2 中級編

いろいろな動きを組みあわせることで、けん玉の技はいくらでも考えられます。中級編ではむずかしい技も多くなりますが、何度も挑戦してみましょう。

パート2 けん玉であそぼう！

パート2 けん玉であそぼう！

3 チャレンジ編

動きをつなげる連続技や、けん玉をなげあげる空中技。こうした技ができるようになったら、自分で新しい技をつくりだすこともおもしろいでしょう。

レジェンド

かまえ

はじめは飛行機（→ p35）。

玉をなげてけんにもちかえ

中皿でキャッチ。

さいごはダウンスパイク（→ p45）で決め!

うぐいすの谷渡り

かまえ

まずはうぐいす（→p43）から。

玉をなげあげ、反対側へ。

USA一周

かまえ（小皿）

小皿でキャッチ！

けん先でキャッチ！

大皿でキャッチ！

けん先でキャッチ！

※地球まわし

地球まわしの最後の状態から玉をなげあげ、中皿でキャッチ！

パート2 けん玉であそぼう！

ワンポイント
玉をなげあげるとき、玉に回転がかからないようにまっすぐ上になげあげよう。

反対側でもうぐいす。

玉をなげあげ、こんどはけん先でキャッチ！

地球まわし

けん先からなげあげた玉を、空中で一回転させてふたたびけん先へ。これが「地球まわし」。

左下に続く

けん先でキャッチ！

※地球まわし

地球まわしでけん先にさして完成！

ワンポイント
地球まわしをはさみながら、玉をけんの先に6回さすという長い技。あせらずに一つ一つの動きを確実に決めよう。

竹馬

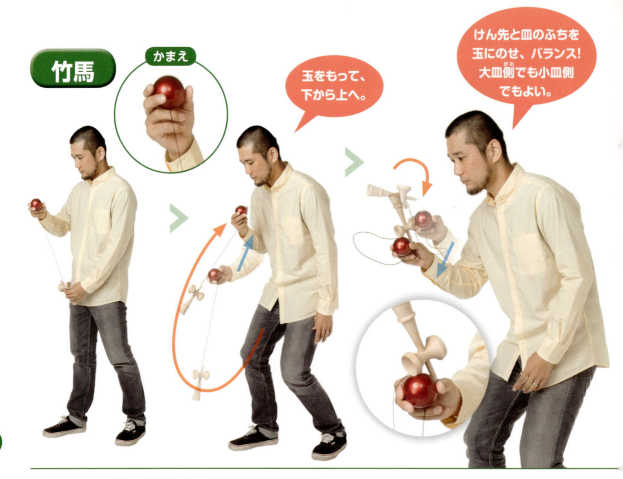

うずしお灯台～さか落とし

けんフリップ地球まわし

終わりに

　近年、海外でけん玉プレーヤーが増えたことや、けん玉ワールドカップ(→p30)が開催されたこともあり、「日本発のけん玉」が注目されています。「けん玉ブーム」「逆輸入けん玉」、さらには、「エクストリームけん玉」といった言葉で、けん玉がマスコミに取りあげられることが増えてきました。

　そんななかの2014年12月、NHKの番組に出演し、「進化する"けん玉"人気の背景」というテーマで話をする機会がありました。その際、ぼくのもっとも印象に残ったことは、番組中に紹介された視聴者からの感想でした。それは、「すぐにできたら、つまんないからね」。

　けん玉が人気をよんでいる要因には、海外プレーヤーの存在や、動画サイトやSNSでけん玉が世界じゅうに知られたことがあげられますが、もっと本質的な理由は、けん玉がおもしろいからなのです。そのことに多くの人が気づきはじめました。そのおもしろさは、テレビの視聴者がいいあてたように「すぐにできたらつまらない」ことに由来しているのです。

　「すぐにできたらつまらない」という感想は、世界じゅうの人びとに共通しています。近年、けん玉の形状が複雑に進化し、けん玉プレーヤーは、技を工夫したり、どうしたらうまくできるかを考えたり、というおもしろさを生みだしてきました。そのおもしろさが、技ができた時の喜びの源となります。どこででもたのしめる手軽さも手伝って、日本発のけん玉が、いま世界じゅうに受け入れられているのです。

　ところで最近の「けん玉ブーム」で、ちょっと気になることがあります。

　「○○に役に立つから、けん玉をやってみたら」「○○が身につくから、けん玉っていいらしいよ」。子どもたちにけん玉をすすめる大人の発言のなかに、こうした言葉が増えていることです。

　けん玉が今後もずっと愛されつづけるために、忘れたくない考え方があります。8ページで紹介したロジェ・カイヨワの本に出てくるものです。

　「参加を強要されたと感じる遊びは、たちまち遊びではなくなるであろう。それはおそらく束縛となり苦役となる。人は一刻も早く解放されたいと願う。(略)遊びは遊戯者が遊びたいから遊ぶ、そこにのみ存在する。いかに熱狂的な遊びであろうと、いかに疲労の激しい遊びであろうと、遊戯者は気晴らしを、患いからの逃避を求めて、すなわち日常生活から遠ざかることを求めて遊ぶのである。さらに、何よりも、遊戯者がやめたいと思うときは、「もうやーめた」といって、立ち去る自由を持つことが何よりも必要である。」

ロジェ・カイヨワ『遊びと人間 増補改訂版』(多田道太郎・塚崎幹夫訳、講談社、1971年)

　けん玉はもちろん、あそびのおもしろさというのは、本来だれかが決めるものではなく、あそぶ人それぞれが感じるものです。

　けん玉であそぶ人のなかには、一つの技を何度も成功させることがたのしい人、新しい技をどんどん考えるのが好きな人、ルールをつくって競争することが好きな人、さまざまな人がいます。みんなでやることが好きな人もいれば、一人で黙々とやるのが好きな人もいます。けん玉を見たり、さわったりするのがたのしいという人もいるでしょう。

　ぼく自身は、けん玉が好きな仲間と出会えることが、けん玉のもつ魅力の一つだと思っています。だから、「けん玉で世界をつなぐ」を合言葉にして、けん玉をもっと広めたいと考えています。

　この本をきっかけに「けん玉をやってみたいな」と思う人が増えれば、とてもうれしく思います。

　最後になりましたが、取材、執筆にあたってご協力いただいた多くの関係者、そして常に支えてくれた家族に感謝いたします。

　また、今回の出版を勧めてくださった稲葉様、編集等で多大なるご尽力をいただいた齊藤様、すばらしいデザインをしてくださった矢野様ほか今人舎の皆様、本当にありがとうございました。

2015年6月

けん玉ワールドカップで世界じゅうから集まった仲間たちと。

さくいん

あ行

アイヌ ……………………………………… 9
秋元悟 …………………………………… 31
あきもとさとる
アメリカ ……………… 8、24、25、26、27
アレックス・ラオシュ ………………… 26
EKO（ヨーロッパけん玉オープン）…… 28
イーケーオー
イギリス ……………………… 16、26、27
伊藤佑介 ………………………………… 29
いとうゆうすけ
インターネット ………… 23、24、27、28、30
ウズベキスタン ………………………… 24
歌川広重 ………………………………… 14
うたがわひろしげ
『うなゐの友』 ……………………… 14、15
江草濱次 ………………………………… 18
えぐさはまじ
SNS ………………………………… 24、28
エスエヌエス
S型けん玉 ………………………… 20、21
エスがた
オランダ ………………………………… 26

か行

カップ＆ボール ………… 9、12、14、16、18
カナダ ……………………………… 8、27
株式会社イワタ木工 …………………… 27
かぶしきがいしゃ
『玩具ト遊戯』 ………………………… 17
がんぐとゆうぎ
『玩具の話』 …………………………… 15
がんぐのはなし
級位段位認定試験 ……………………… 21
きゅういだんいにんていしけん
『嬉遊笑覧』 …………………………… 13
きゆうしょうらん
競技用けん玉 ……………………… 21、22、24
きょうぎよう
グリーンランド ………………………… 8
クリス・ボッシュ ……………………… 31
グローバルけん玉ネットワーク（GLOKEN）
グロケン
……………………………… 27、29、30
『GAMES OF THE WORLD』 ………… 9
ゲイムズ オブ ザ ワールド
拳あそび ………………………………… 12
けん
『拳会角力図会』 …………………… 12、13
けんさらすまいずえ
『けん玉入門』 ………………………… 21
けん玉プレーヤー …………………… 28、29
KendamaUSA ……………… 24、25、28
ケンダマ ユーエスエイ
KendamaUSA Japan Tour 2012 ……… 28
ケンダマ ユーエスエイ ジャパン ツアー
けん玉ルネッサンス …………………… 21
けん玉ワールドカップ廿日市2014 …… 30
はつかいち
国際けん玉フォトコンテスト ………… 27
こくさい
独楽 ……………………………………… 12
こま
コリン・サンダー ……………………… 24

さ行

盃 及ヒ球 ……………………………… 16
さかずきおよびたま
嶋寺克彰 ………………………………… 28
しまでらかつあき
清水晴風 …………………………… 14、15
しみずせいふう
新間英雄 …………………………… 20、21
しんまひでお

た行

スイス …………………………………… 26
Sweets Kendamas ……………… 25、26
スウィーツ ケンダマズ
ず〜まだんけ ………………………… 29
ヒ玉拳 …………………………………… 12
すくいたまけん
『世界遊戯法大全』 …………………… 17
せかいゆうぎほうたいぜん

た行

DAMA FEST ……………………… 25、26
ダマ フェスタ
デンマーク …………………………… 26、27
東京けん玉クラブ …………………… 20、21
とうきょうだま
『童女筌』 ……………………………… 16
どうじょせん

な行

日月ボール …………………………… 18、24
にちげつ
日月ボールの歌 ………………………… 19
にちげつ
『日本玩具集解説』 ………………… 15、16
にほんがんぐしゅうかいせつ
日本けん玉協会 ………………………… 21
にほんけんだまきょうかい
『日本遊戯史』 ………………………… 15
にほんゆうぎし
ニュースポーツ ……………………… 25、28

は行

ビルボケ ……………………… 10、11、12
ファン・カステール …………………… 16
フランス ………………… 8、9、10、11、12
ボール＆ピン ………………… 9、14、18
本郷木工品製造所 ……………………… 18
ほんごうもっこうひんせいぞうしょ
香港 ……………………………………… 27
ホンコン
ボンズ・アトロン ……………………… 31

ま行

マレーシア ……………………………… 27
夢元 ……………………………………… 27
むげん
夢元無双 ………………………………… 27
むげんむそう
『木製玩具製作法』 …………………… 16
もくせいがんぐせいさくほう
モザンビーク …………………………… 24
モンゴル ………………………………… 24

ら行

リング＆ピン …………………………… 9
ルーマニア ……………………………… 27
ロジェ・カイヨワ ……………………… 8

わ行

鷲の爪輪 ………………………………… 9
わしのつめわ

- ●著・出演／窪田 保（くぼた たもつ）
  1981年奈良県生まれ。広島大学生物生産学部卒業。現在、一般社団法人グローバルけん玉ネットワーク（GLOKEN）代表理事。2000年頃よりけん玉をはじめ、2003年にはもしかめ連続時間の世界記録樹立（8時間）。けん玉ワールドカップの開催など、「けん玉で世界をつなぐ」をコンセプトに世界中のけん玉プレーヤーと手を携え、けん玉の普及、活性化に力を尽くしている。

- ●出演／大瀧 美月
  2005年千葉県生まれ。2014年6月よりけん玉をはじめ、2015年3月、KDX（ケンダマクロス）日本一決定戦で初代チャンピオンに輝く。

- ●撮影／福島 章公

- ●編集・デザイン／こどもくらぶ（齊藤 由佳子、矢野 瑛子）
  「こどもくらぶ」は、あそび・教育・福祉分野で、子どもに関する書籍を企画・編集しているエヌ・アンド・エス企画編集室の愛称。これまでの作品は1000タイトルを超す。

- ●制作／（株）エヌ・アンド・エス企画

- ●参考文献
  『明鴉墨画梅襦褓』初2～14編（三亭春馬 作、梅蝶樓國貞 画、紅英堂、1866～1870年）／『拳会角力図会』下之巻（義浪、吾雀 編述、1809年）／『嬉遊笑覧』巻十上・飲食の部（喜多村信節 著、1830年）／『日本遊戯史』（酒井欣 著、建設社、1934年）／『日本玩具集』（児童用品研究会 編、芸艸堂、1917年）／『玩具の話』（天沼匏村 著、芸艸堂、1914年）／『箱根細工物語』（岩崎宗純 著、神奈川新聞社、1988年）／『東北の木地玩具』（菅野新一 著、郷土玩具研究会、1966年）／『玩具ト遊戯』（民友社、1894年）／『童女筌』（エル・ファレンタイン 著、文部省、1876年）／日本けん玉協会『30年史』（日本けん玉協会、2005年）／『天然生活と資源の活用 アイヌ風俗繪巻』（西川北洋 著、トミヤ出版部、1942年）／『木製玩具製作法』（小泉吉兵衛 著、博文堂、1919年）／『世界遊戯法大全』（松浦政泰 編、博文館、1907年）／『小学遊戯法』巻3（花岡朋太郎 編、大辻文盛堂、1888年）／『拳の文化史』（セップ・リンハルト 著、角川叢書、1998年）／『けん玉のすべて』（新間英雄 著、民芸交易、1985年）／『けん玉のテクニック』（新間英雄 著、刊々堂出版社、1978年）／『けん玉入門』（新間英雄 著、刊々堂出版社、1978年）／『けん玉の技123』（日本けん玉協会著、幻冬舎エデュケーション、2012年）／『けん玉の技百選』（日本けん玉協会 著、ポプラ社、2000年）／『けん玉で生きる 私の夢の育て方』（伊藤佑介 著、遊行社、2015年）／『おもちゃの文化史』（A・フレイザー 著、和久洋三 監訳、玉川大学出版部、1980年）／『玩具叢書第三巻 続玩具の系譜』（遠藤欣一郎 著、日本玩具資料館、1990年）／『日本のおもちゃ 玩具絵本『うなゐの友』より』（清水晴風、西澤笛畝 画、芸艸堂、2009年）／『おもちゃ博士・清水晴風』（林直輝ほか 著、社会評論社、2010年）／「子どもの遊びの社会史に向けて」（北本正章、青山学院大学教育学会紀要「教育研究」第52号、2008年）／「近世からくり玩具の史料研究」（安田真紀子、奈良大学史学会、奈良史学16号、29-42、1998-12）／「けん玉の歴史と文化」（鎌田哲夫、ギャンブリング・ゲーミング学研究第2号、2005年）／『Games of the World』(Frederic V. Grunfeld, Ballantine Books, 1975)／『Puzzles Old and New How to Make and Solve Them』(Jerry Slocum, Jack Botermans, 1988)／『Sports and Games of Medieval Cultures』(Sally Wilkins, Greenwood Press, 2002)／『Le Bilboquet』(Marivaux, Publications de l'Université Saint-Étienne, 1995)

- ●取材・写真協力（敬称略）
  青木勇、一般社団法人廿日市観光協会、伊藤佑介、株式会社イワタ木工、株式会社本郷、川本達志、けん玉ワールドカップ廿日市実行委員会、公益社団法人日本けん玉協会、嶋寺克彰、新間英雄、杉丸実香、廿日市市役所、廿日市市木材利用センター、星野倫美、山中健二、Alex Ruisch、Alex Smith、Bonz Atron、British Kendama Association、Colin Sander、Dave Mateo、Eric James Martin、Jake Wiens、Jeremy Stephenson、Rodney Ansell、Ryan Hyph、Keith Matsumura、KendamaCO、KendamaUSA、KROM Kendamas、Matt Jorgenson、Matthew Ballard、Sweets Kendamas、TJ Kolesnic、Tori Sander、Turner Thorne、Zack Yourd、ZOOMADANKE

けん玉学　起源から技の種類・世界のけん玉まで

NDC798

2015年7月15日　第1刷

著　／窪田保
発行者／中嶋舞子
発行所／株式会社 今人舎
　　　　186-0001　東京都国立市北1-7-23　TEL 042-575-8888　FAX 042-575-8886
　　　　E-mail nands@imajinsha.co.jp　URL http://www.imajinsha.co.jp
印刷・製本／凸版印刷株式会社

©2015 Kubota Tamotsu　ISBN978-4-905530-42-8　Printed in Japan

定価はカバーに表示してあります。落丁本、乱丁本はお取り替えいたします。